COMO GANAR DINERO DESDE CASA FÁCILMENTE

CONSIGUE EMPLEOS ONLINE PARA MUJERES Y HOMBRES, COMIENZA UN NEGOCIO ONLINE DE MANERA RÁPIDA Y FÁCIL DESDE TU HABITACIÓN

Jessy M. Brown

Índice

Introducción

Fuiste a la escuela y obtuviste tu título. Has pasado años perfeccionando tus habilidades y construyendo una carrera. Ahora, eres madre y tus prioridades están cambiando a lo grande. Sin embargo, gracias al clima económico actual, su necesidad de ganar dinero sigue existiendo.

¿Puedes tenerlo todo? ¿Puede ser una madre de tiempo completo y aún así tener una carrera lucrativa y gratificante?

La respuesta es sí, si aprendes a equilibrar tu vida. Una de las maneras más fáciles de tenerlo todo y disfrutar de un sentido de equilibrio es hacer las cosas por su cuenta y convertirse en una madre que trabaja en casa. Con su experiencia profesional, años de experiencia y determinación, usted puede lograrlo.

Sin embargo, el cambio de trabajar en el campo o en una oficina a trabajar en casa es un gran paso. Antes de sumergirse en el prospecto, es una muy buena idea hacer un balance de sus posibilidades de prosperar en casa. Para algunas personas, brillar como madre y sobresalir en el lugar de trabajo requiere un poco de separación. Para otros, el trabajo en casa les sienta perfecto.

Una vez que decida si trabajar en casa es lo correcto para usted, habrá mucho más que hacer. El siguiente paso que tendrá que dar es determinar cuáles son sus perspectivas y cómo superar algunos de los obstáculos que invariablemente se interpondrán en su camino. No te preocupes, puedes saltar los obstáculos con relativa facilidad si realmente lo deseas.

Hay una variedad de oportunidades de carrera para las madres que trabajan en casa. Si no desea continuar con su campo actual, puede transferir algunas de sus habilidades a otra área de especialización. Incluso hay algunos lugares increíbles a los que acudir para recibir formación o reciclaje, incluso desde casa, si se desea algo completamente nuevo.

Si el trabajo por contrato le atrae, encontrar trabajo no será un gran problema. El mundo está cambiando. Gracias a esto, muchos empleadores ofrecen empleos a tiempo parcial, a corto plazo e incluso a largo plazo a través de Internet. Estos son perfectos para los trabajadores en casa.

Una vez que empiece a encontrar trabajo, probablemente tendrá que poner algunas otras cosas en su lugar. Es probable que surjan preguntas sobre las oficinas domésticas, los beneficios y otros aspectos técnicos. A medida que explora sus oportunidades, prepara su oficina en casa y establece una vida que no implique estar lejos de su hijo, este libro electrónico es su guía.

Juntos podemos hacer realidad sus sueños de trabajar en casa y seguir teniendo tiempo para su realidad familiar!

Tienes que considerarlo...

Al mirar a los ojos de su hijo, lo más probable es que la idea de ponerse un traje y regresar a la oficina sea un poco asombrosa. Quedarse en casa y trabajar en casa puede ser una experiencia increíble para usted y su pequeño. Sin embargo, también puede ser una pesadilla en ciernes. Todo depende de lo bien que usted y su familia puedan manejar la transición. Algunas mujeres y sus familias prosperan mejor cuando el trabajo se mantiene en el trabajo. Otros brillan en el entorno de los negocios en el hogar. No importa el camino que elijas, siempre y cuando funcione para ti, ¡es perfecto!

Entonces, *¿cómo puede determinar si trabajar en casa es lo que realmente le gusta?*

En primer lugar, usted querrá examinar

su situación financiera. Para lanzar con éxito una carrera desde la oficina en casa, puede ser útil tener un poco de espacio para respirar financieramente. Tenga en cuenta, sin embargo, al quedarse en casa, también se ahorrará un poco de dinero.

Más allá de las cuestiones de dólares, hay preguntas que tendrá que hacerse a sí mismo y también a su cónyuge y a los miembros de su familia. Para hacer un verdadero negocio en casa o trasladar su carrera a tiempo completo a su casa, usted va a necesitar tener la personalidad adecuada para lograrlo. Además, es probable que también necesite un poco de apoyo serio por parte de la familia.

Echemos un vistazo a algunas de las cosas que usted querrá considerar para ayudarle a decidir si trabajar en casa es para usted.

➢ *EXPLORANDO EL LADO FINANCIERO DE LAS COSAS*

Trabajar en casa puede resultar muy

lucrativo para muchas madres. Sin embargo, podría requerir un poco de tiempo para obtener un flujo de caja constante. Con esto en mente, hay una serie de cosas que usted querrá examinar antes de decidirse a bucear con ambos pies. Si descubre que el momento no es el adecuado, no se preocupe demasiado. Usted todavía puede trabajar en un negocio en casa los fines de semana o por la noche y tratar de construirlo rápidamente para que pueda quedarse en casa a tiempo completo en un abrir y cerrar de ojos.

Lo básico a considerar con las finanzas incluye:

Su presupuesto mensual: Revise detenidamente sus facturas mensuales y la cantidad de contribución que hace. Retire cosas del presupuesto que ya no estarán en su lugar, como el cuidado de los niños y los gastos de transporte. Ahora, tenga en cuenta que puede tomar un poco de tiempo para construir un negocio lo suficiente para cubrir las cuentas y otros gastos. Si su contribución es imprescindible para el resultado final de su familia, verifique sus ahorros. ¿Tiene suficiente para cubrir su contribución durante al menos tres meses? Seis o doce sería aún mejor. ¿Está cubierta esta base? Si no lo es, considere la posibilidad de hacer la transición a un trabajo a tiempo completo en el hogar a medida que va construyendo un fondo de reserva para cubrirse a sí mismo. Tomar un camino lento y constante en la dirección correcta es mejor que no tomar el camino en absoluto! Con un poco de tiempo y dedicación, usted puede hacer que su sueño se haga realidad.

Sus Gastos Adicionales Anticipados: Comenzar un negocio en casa puede costarle en capital inicial. Además de asegurarse de que su familia esté cubierta financieramente durante la transición, necesitará dinero en efectivo para establecer una oficina, comprar equipo, publicidad, obtener licencias y tal vez seguro, etc. Es posible obtener un préstamo para pequeñas empresas para estas cosas y también para ayudar a cubrirlo durante los meses iniciales. Tenga en cuenta, sin embargo, que esto comenzará su negocio en el rojo. A veces es mejor ahorrar y abrir los libros en negro.

La Estimación de la "Zona Roja": Aunque no será capaz de planificar exactamente cuándo su negocio comenzará a ganar dinero al día, usted puede hacer una estimación bastante sólida. Sea realista aquí y anticipe por lo menos un período de tres meses para un buen desarrollo. Esto le ayudará a determinar la cantidad de relleno que necesita en su cuenta bancaria para mantenerse cómodo mientras construye su negocio.

El lado financiero de las cosas puede ser una gran consideración cuando usted decide dejar de trabajar en una oficina y hacer la transición a su propio negocio. Asegúrate de tener las bases cubiertas. Algunas de las opciones que pueden ayudarle a incluir préstamos, subvenciones, ahorros o incluso empezar a trabajar a tiempo parcial con el negocio para construirlo. Sin embargo, el dinero no es su única preocupación.

Tu personalidad

Trabajar en casa es perfecto para algunas personas, pero no para otras. De cualquier manera, está perfectamente bien siempre y cuando sepas dónde estás parado. Puedes ser una madre excelente y trabajar fuera de casa. Para algunas personas, trabajar en el hogar y tratar de ser padres a tiempo completo no funciona para el beneficio de todos los involucrados. Todo se reduce a la personalidad.

Entonces, *¿tienes lo que se necesita para hacer una carrera en casa?* Hágase estas preguntas y responda honestamente:

¿Soy autodisciplinado?: Trabajar en casa sigue funcionando. Agregue un bebé, un niño pequeño o un niño pequeño y el trabajo se convierte en dos en uno con

14

seguridad. Para llevar a cabo un negocio o incluso para llevar su trabajo de tiempo completo a un entorno de teletrabajo, usted tendrá que tener disciplina. Si usted es del tipo que tiende a perderse cuando un jefe no está mirando por encima de su hombro, dejar atrás el mundo del día a día de trabajo podría no ser para usted. Hay maneras de superar este obstáculo, pero primero se necesita un poco de autodisciplina.

¿Puedo soportar no tener la interacción de un "adulto"?: Trabajar en casa significa pasar mucho tiempo con gente pequeña. Algunas madres prosperan en ambos trabajos cuando los mantienen separados. La verdad es que las madres que trabajan en casa a menudo carecen de tiempo para comunicarse con los adultos. Para algunos, esto no es un problema a superar. Otros, sin embargo, descubren que tratar con los clientes por teléfono o por correo electrónico no es suficiente para la interacción de los adultos.

¿Estoy lo suficientemente motivado para lograr esto?: Trabajar en una oficina tiende a ser motivador por sí solo. Incluso los que se demoran pueden prosperar en un ambiente donde las fechas límite son establecidas por otros, el trabajo es pasado por alto y un cheque de pago depende del rendimiento. Trabajar en casa es realmente un juego diferente. Si usted está motivado y tiene un historial de ser un emprendedor, es probable que le vaya bien.

¿Puedo fijar las horas y cumplirlas? Trabajar en casa presenta el peligro de prepararse para trabajar demasiado. A menudo es mejor fijar horas de "oficina" y atenerse a ellas. Por supuesto, usted querrá tomar tiempo libre de vez en cuando para visitar un parque, ver una obra de teatro de la escuela y así sucesivamente. ¡Eso está bien! La pregunta es, ¿puede seguir un horario sin un jefe de forma regular?

Trabajar en casa suena divertido y

gratificante. Para muchos, lo es. Otros simplemente descubren que no prosperan en este entorno. Sé honesto contigo mismo y elegirás el camino correcto a seguir.

➤ *LA FAMILIA EN PRIMER LUGAR*

Cuando usted decide trabajar fuera de su casa, no es el único que se verá afectado por la decisión. Su esposo, sus hijos mayores y cualquier otra persona que viva en la casa también sentirán los efectos. En la mayoría de los casos, tener a mamá en casa es una gran cosa. Las familias, sin embargo, tendrán que intervenir y ayudar. Si ellos no apoyan su decisión, su negocio podría estar muerto en el agua antes de que comience.

Entonces, *¿qué necesita de su familia para que su empresa en el hogar tenga éxito?* Asegúrese de que su familia esté dispuesta a hacerlo:

Ayuda en la casa: Puede ser muy

tentador para los miembros de la familia dejar todo para que usted haga sólo porque está en casa. Si bien es posible que hayan ayudado a cocinar, ir de compras, lavar la ropa, etc., cuando usted trabajaba fuera de la casa, esto podría detenerse si usted no se pone proactivo para establecer los límites ahora. Es demasiado fácil para los cónyuges e hijos mayores pensar que sólo porque mamá está trabajando en casa, ella siempre está más disponible para manejar otras tareas. Aunque es probable que pueda hacer más si puede hacer varias tareas a la vez, no podrá hacerlo todos los días.

Permanezca a bordo: Asegúrese de que usted y su pareja discutan completamente la idea de trabajar en casa antes de sumergirse. Si usted no tiene el 100 por ciento de apoyo de su pareja, probablemente tendrá que luchar una batalla cuesta arriba. Asegúrese de discutir la situación con una mente abierta. Si hay resistencia, comparta su plan de negocios, su presupuesto y otros materiales de respaldo. Lo más probable es que a su pareja le guste la idea de que su hijo no sea criado fuera del hogar. Sólo asegúrese de que su pareja está a bordo y se quedará así.

Ayudar en un malabarismo de pellizco la vida en casa y en la oficina es difícil sin importar lo que suceda. Si usted está manejando su propio negocio, hay momentos en los que tendrá que dejar caer la bola proverbial en las tareas del hogar, el cuidado de los niños o algo así. Con esto en mente, puede ser imperativo para su negocio y sus posibilidades de éxito que tenga planes de contingencia para emergencias. ¿Está su cónyuge dispuesto a tomar un día libre para cuidar a un niño enfermo si usted tiene una gran venta que necesita hacer? ¿Los niños mayores o los abuelos recogerán a un niño más pequeño cuando usted no pueda estar allí? Asegúrese de tener un buen sistema de apoyo y la mitad de su batalla será ganada.

Trabajar en casa puede sonar glamuroso y excitante. Esto no siempre es así. Puede presentar una serie de obstáculos que deben ser superados para asegurar el éxito. Antes de zambullirse en esta aventura, usted y su familia deben explorar realmente si esta idea es adecuada para usted. Si lo es, usted puede ir a toda máquina para disfrutar mientras gana dinero y también para empaparse de tiempo con sus hijos.

Los beneficios de convertirse en una mamá que trabaja en casa pueden ser asombrosos. Si usted necesita desesperadamente más tiempo con sus hijos y quiere estar ahí para ellos, pero aún así tiene obligaciones financieras con su familia, esta puede ser la mejor solución. Simplemente tómese el tiempo para examinar la situación de cerca.

¿Como superar los obstáculos?

No importa qué tipo de negocio espere comenzar o incluso si tiene la intención de convertirse en un teletrabajador para su empresa existente, habrá obstáculos que tendrá que enfrentar. Desde las finanzas hasta sus propios miedos de aislamiento, trabajar en casa todo el tiempo no es necesariamente arco iris y sol todos los días. Tendrás días buenos y días malos. Incluso te enfrentarás a obstáculos que se interponen en tu camino para siquiera empezar. Afortunadamente, hay cosas que usted puede hacer para enfrentar casi cualquier obstáculo que se interponga en su camino.

✓ *BLOQUEOS FINANCIEROS*

Tal vez el mayor obstáculo que se interpondrá en el camino para abrir un negocio desde el hogar es la cuestión del dinero. Esto podría no aplicarse si usted va a convertirse en un telecommutador para su compañía existente u otra. Sin embargo, si se parte de cero, puede ser un gran obstáculo a superar.

Para tener la mejor base para empezar, mire ese presupuesto de cerca como se le sugirió antes. Si te quedas corto, estos consejos pueden ayudarte a conseguir el dinero que necesitas para hacer realidad tu sueño:

El Plan de Ahorros: Esto puede tomar más tiempo que otras opciones para superar los problemas de flujo de efectivo, pero puede ponerlo en una mejor posición financiera a largo plazo. En lugar de pedir dinero prestado, este buscador de obstáculos simplemente requiere que usted empiece a construir sus ahorros de negocio por su cuenta. Usted puede hacer esto permaneciendo en su trabajo regular y ahorrando dinero de sus cheques. También puede considerar lanzar su negocio a tiempo parcial por la noche para acumular dinero en efectivo, contactos e ingresos. Esta última opción mantiene el dinero de su trabajo diario y puede aumentarlo con la empresa de medio tiempo. En general, esta es una manera bastante prudente de superar los problemas de dinero.

Préstamos: Los préstamos para pequeñas empresas, refinanciaciones de hipotecas, segundas hipotecas y otras opciones de préstamos podrían estar disponibles para que usted inicie su negocio. Esta ruta puede dar inicio a su sueño y darle dinero en efectivo en el banco para vivir por un tiempo, también. El peligro aquí es que usted tendrá que hacer los pagos. Esencialmente, financiar un negocio con préstamos implica comenzar con los libros en rojo. Aún así, si su idea de negocio es lo suficientemente buena y sus habilidades son lo suficientemente altas, puede ser una buena manera de hacerlo.

Subvenciones: A veces es posible

obtener subvenciones para abrir una pequeña empresa. Esto dependerá mucho de lo que planee hacer. Si usted es elegible para recibir subvenciones, vale la pena solicitarlas. El hecho es que las subvenciones pueden darle el dinero que necesita sin tener que pagar nada. Las subvenciones del gobierno y de las fundaciones pueden estar disponibles. Considere la opción, pero planifique un gran proceso de solicitud. Si tiene éxito en obtener subvenciones, asegúrese de que el dinero vaya exactamente a donde usted dijo que iría también. De lo contrario, se puede llegar a un montón de agua caliente!

Inversores Familia, amigos u otros conocidos pueden querer entrar en su negocio en la planta baja. Aunque esta es probablemente la opción menos recomendada, puede alimentar sus sueños de negocio bastante rápido. Cuente con tener que devolver estos préstamos u ofrecer una parte de su negocio a estos "socios".

Los problemas de dinero siempre se pueden superar si usted tiene la determinación de hacerlo. Considere sus opciones y siga adelante con la opción o las opciones que mejor funcionan en su caso.

✓ *RESISTENCIA FAMILIAR*

La resistencia de la familia también puede ser un problema cuando usted está considerando la idea de convertirse en una mamá que trabaja en casa. Si no tienes todo su apoyo, podrías estar en problemas.

Aquí hay algunos consejos para superar los problemas que puedan surgir:

Resalte los beneficios: Asegúrese de que su pareja entienda completamente lo que su trabajo en casa puede significar para su familia. Aunque usted tendrá deberes que atender, en última instancia estará más disponible para su familia.

Hable con el Potencial de Ahorro: Señale cuánto va a ahorrar en gasolina, almuerzos fuera, cenas de comida rápida y cuidado de niños. Estos gastos pueden sumarse muy rápidamente e incluso pueden compensar cualquier pérdida que usted enfrentaría por dejar su trabajo actual si esa es su intención. Muchas mamás descubren que gastan casi lo mismo que en el trabajo en estos gastos que pueden ser eliminados de una hoja de presupuesto si usted trabaja en casa.

Resalte las posibles ganancias: Asegúrese de que su familia sepa que ha hecho los deberes de su idea de negocio. Muéstreles las protecciones de ganancias, los clientes potenciales y así sucesivamente. Si ya tiene clientes que se han registrado, esto puede ser un rápido cambio de opinión con seguridad.

Si su pareja no está segura de que usted pueda lograrlo, demuéstrelo. Comience su negocio a tiempo parcial y hágalo crecer con cuidado. Una vez que despegue, será posible hacer la transición y no poner en peligro los ingresos de la familia. Tenga en cuenta que su pareja probablemente apoya su decisión al 100 por ciento, pero podría temer el "qué pasaría si...". Esto está bien. Simplemente demuéstrele a su pareja y a usted mismo que puede hacerlo.

La resistencia familiar es generalmente muy fácil de superar. Si has hecho tu tarea, deberías poder vender tu plan bastante bien.

Sin embargo, si usted es como la mayoría de la gente, el trabajo más difícil de vender será con usted mismo. Tienes que creer que puedes hacerlo para tener éxito en ser una mamá que trabaja en casa. Uno de los mayores obstáculos a los que te enfrentarás en este frente es el aislamiento.

✓ *TEMORES DE AISLAMIENTO*

Trabajar en casa puede llevar a una sensación de aislamiento. No se equivoque; tendrá que ser proactivo en este frente. A menos que usted esté perfectamente contento de tratar con la gente sólo por teléfono y correo electrónico, usted querrá hacer algunas provisiones para una vida social por adelantado. Tenga en cuenta que algunas ideas de negocios lo tendrán fuera de la casa más que a otros, pero es probable que usted quiera hacer un plan para conquistar y superar los temores de aislamiento.

Entonces, *¿cómo puede asegurarse de que se satisfagan sus necesidades de conversación, establecimiento de contactos e interacción entre adultos?* Estas cosas pueden ser salvavidas para las madres que trabajan en casa:

Únete a un grupo de madres: Esta es una gran manera de salir de la casa y pasar algún tiempo con tu pequeño lejos de tu nueva "oficina". Cuando te unas a un grupo de madres, podrás conocer gente nueva y alimentar tu necesidad de conversación. Al mismo tiempo, usted le dará a su hijo una interacción muy necesaria. Muchos grupos de madres ofrecen un programa completo de actividades que usted puede elegir. Algunos incluso ofrecen eventos nocturnos para sacarte de la casa sólo con las chicas.

Si va a vender, trabajar como consultor o hacer cualquier cosa que pueda sacarlo de la casa, aproveche el tiempo al menos de vez en cuando. Aunque el plan es trabajar en casa tanto como sea posible, salir varias veces a la semana no es algo malo. De hecho, puede ser bueno para usted y para su hijo. Una pequeña oportunidad de paisajes y rostros nunca hace daño a nadie!

Únase a grupos de trabajo en red: Tómese el tiempo para unirse a grupos de trabajo en red, a su cámara de comercio local o a otras organizaciones empresariales. Hazlo y podrás matar dos pájaros de un tiro. No sólo disfrutará de la interacción de los adultos, sino que también podrá impulsar su negocio al mismo tiempo.

Vaya a las reuniones: Si va a trabajar a distancia o incluso como consultor, asegúrese de asistir a las reuniones en persona de vez en cuando. Esto lo sacará de aquí y le dará tiempo para recargar sus baterías entre otros adultos que trabajan.

Manténgase en contacto con sus amigos: Confíe en la misma red de apoyo que ha tenido durante años para mantenerlo en funcionamiento cuando trabaja en casa. Llama a tus amigos para salir de noche con chicas, para divertirte o para ver películas los fines de semana. El hecho de que ahora trabajes en casa, no significa que no puedas salir de la casa.

Noches de la fecha del plan: Haga el tiempo para salir con su cónyuge o pareja. Una noche a la semana o incluso una noche al mes para trabajar en pareja puede ser un cambio de ritmo muy necesario. Además, esto puede ayudar a mantener su relación fresca y fuerte.

Disfrute de un pasatiempo: Salga de la casa por su cuenta buscando un pasatiempo que siempre ha querido hacer. Tome una clase, aprenda a jugar tenis, simplemente haga algo que le parezca interesante a nivel personal. El voluntariado también puede ser una excelente manera de salir y hacer algo agradable. Incluso una hora a la semana conduciendo las comidas a los ancianos puede tener un gran impacto en su psique. Tenga en cuenta que no hacer nada más que trabajar y cuidar de su familia lo quemará rápidamente. Tienes que tener algo que sea todo tuyo, también. Aunque sea una hora al mes haciendo algo que te gusta, ¡hazlo!

No te preocupes de que trabajar en casa te convierta en un aislacionista. Usted puede superar este obstáculo con bastante facilidad.

Más opciones

Ya hemos establecido que has estado trabajando en una carrera profesional durante algún tiempo. Esto le da una pequeña ventaja cuando se trata de explorar sus opciones. Usted tiene habilidades en el lugar que muy probablemente podría traducirse en una carrera de teletrabajo o en una nueva empresa de negocios que es toda suya. Ahora es el momento de explorar realmente sus opciones y decidir cómo puede hacer que el trabajo en casa funcione para usted.

Si usted no quiere llevar sus habilidades actuales a una nueva aventura de negocios, no se preocupe. Hay opciones que requieren muy poco tiempo de reentrenamiento. Algunas ideas de negocios también son bastante intuitivas, así que no piense que tiene que ser encasillado para hacer lo que hace ahora. A menos, por supuesto, que tú quieras!

Echemos un vistazo a algunas de las opciones en las que puede abrir la puerta.

- **_TELETRABAJO PARA SU EMPLEADOR ACTUAL_**

Si usted ha estado trabajando para su empleador actual por un tiempo y le encanta el trabajo, pero quiere quedarse en casa, el teletrabajo podría funcionar para usted. Si su empleador ya utiliza teletrabajadores, usted tendrá una ventaja. Si no es así, tómese el tiempo necesario para discutirlo con su supervisor y sus superiores.

El teletrabajo es cada vez más aceptado en los principales lugares de trabajo. Hay incluso un número de compañías de Fortune 500 que permiten a sus empleados trabajar desde casa todo el tiempo o parte del tiempo. Los beneficios de llevar su trabajo a casa y quedarse con su compañía actual pueden ser extensos.

Entre ellas se incluyen

Si usted hace en casa lo que ya hace en la oficina, la curva de aprendizaje será inexistente. Esta es una gran manera de tener su pastel y comerlo, también.

Extensión de Beneficios: Si usted permanece empleado en su compañía actual, no perderá ninguno de los beneficios ofrecidos. Esto puede ser un gran problema para algunas familias, así que no descuente el valor.

Ingreso Garantizado: Su familia no perderá ni un centavo si usted trabaja a distancia. De hecho, podría terminar ganando más gracias a los ahorros en los costos de trabajar en casa que ya hemos discutido. Esto puede ser una gran ventaja para usted y su familia. También puede funcionar bien como una herramienta para convencer a su familia de que trabajar en casa es adecuado para usted.

El teletrabajo tiene sus pros y sus

contras. Si decide quedarse con su empleador actual, se le limitará a un salario fijo. Lo más probable es que sus horas también sean monitoreadas. Esto puede quitarle algunas de las libertades que usted esperaba disfrutar trabajando en casa. Considere cuidadosamente los altibajos de esta opción antes de proceder. Hay otras opciones disponibles.

- **_CONSULTORÍA EN SU CAMPO_**

Vale, así que quizás ya no quieras trabajar para tu actual empleador. O, tal vez usted ha descubierto que su compañía simplemente no permite el teletrabajo por cualquier razón. No tomes esto como una barricada que no puedes pasar. Si usted ha desarrollado sus habilidades en un campo en particular, es posible que pueda hacer la transición a un puesto de consultor.

En caso de que decida contratar a un consultor, es posible que pueda "trabajar" para su empresa según sus condiciones. Tenga en cuenta, sin embargo, que usted perderá su condición de miembro del personal. Esto también significa, sin embargo, que usted puede consultar para otras empresas que pueden beneficiarse de sus conocimientos, experiencia y habilidades.

Los consultores tienen una gran demanda en una gran variedad de campos. Desde los asesores legales y operativos hasta el diseño, la gestión y más allá, muchas empresas recurren a un conjunto de "ojos" externos de forma regular. Muchos también están dispuestos a pagar un buen precio por los consultores profesionales.

Si desea realizar la transición a un puesto de consultor, tenga en cuenta lo siguiente para poner en marcha su esfuerzo:

Acérquese a su empresa existente: Dependiendo de sus habilidades, esta puede ser la manera más rápida de disfrutar de un contrato de consultoría sólido. Su compañía puede deleitarse con la idea de quitarlo de la nómina y ahorrar en los beneficios, pero aún así tener sus habilidades disponibles.

Únase a organizaciones comerciales: Para encontrar otras oportunidades, asegúrese de unirse a organizaciones comerciales y mantenerse al día con las reuniones, publicaciones e incluso anuncios de búsqueda en línea que estos grupos publican. Esta puede ser una gran manera de encontrar trabajo en su campo sobre una base de consultoría.

Asegúrese de figurar en las listas de ofertas del gobierno: Asegúrese de figurar en la lista de proveedores de agencias de la ciudad, el condado, el estado y las agencias federales que podrían beneficiarse de sus habilidades. Los contratos de consultoría del gobierno pueden sobrecargar las carreras y ofrecer ingresos estables.

Hay maneras de permanecer en su campo existente y usar las habilidades que ha perfeccionado con el tiempo para ganar dinero desde su casa. Sin embargo, si usted desea un cambio completo, hay maneras de hacer que suceda con poco o nada de reentrenamiento. Por supuesto, siempre puedes volver a entrenar y lanzarte de nuevo si quieres entrar en un nuevo campo todos juntos.

"Escribe" tus metas

Una de las opciones más estables y lucrativas que existen para las madres de hogar con experiencia profesional es escribir para ganarse la vida. Los escritores freelance tienen una gran demanda en casi todos los campos imaginables. A medida que más compañías toman sus negocios en línea, necesitan que la gente escriba su contenido, actualice sus blogs, cree informes especiales, etc. Esta opción puede permitirle trabajar en su campo existente, analizar, y también puede permitirle diversificarse hacia otros intereses.

Si quieres ponerte por escrito como tu nuevo negocio, necesitarás tener algunas habilidades básicas. Más allá de ser capaz de encadenar una frase, será necesario que tengas un estilo de escritura decente, que entiendas la gramática y que seas capaz de manejar las presiones de las fechas límite.

Algunas de las opciones disponibles para los escritores independientes incluyen:

- ✓ Blogueando;
- ✓ Redacción de informes;
- ✓ Redacción de relaciones públicas;
- ✓ Creación de contenidos de Search Engine Optimization;
- ✓ Redacción técnica.

Escribir para ganarse la vida puede ser una opción profesional emocionante y gratificante. Para las madres que trabajan en casa y saben escribir, las posibilidades son casi ilimitadas.

> ➤ *ENTRADA DE DATOS Y OTROS SIMILARES*

Escribir puede que no sea lo tuyo, pero eso no significa que no puedas poner a trabajar tus habilidades con el teclado. Las posiciones de entrada de datos y otros trabajos relacionados siempre son muy solicitados por los trabajadores autónomos y los trabajadores a distancia. Tener una formación profesional puede ser un gran impulso para entrar en estos campos, también.

Algunos de los campos relacionados a considerar más allá de la entrada de datos incluyen:

- ✓ Facturación médica;
- ✓ Transcripción médica;
- ✓ Transcripción;
- ✓ Trabajar como asistente personal en línea;
- ✓ Agente de facturación.
  -

> **VENTAS**

Si tus habilidades están en el área de

ventas, encontrarás un mundo de posibilidades abiertas para ti. La realidad es que vender es una de las formas más fáciles de entrar en un negocio, pero puede ser una de las más difíciles de lograr. Aún así, si eres bueno en eso, el cielo será el límite.

Si las ventas le parecen buenas, las opciones relacionadas incluyen:

Trabajando como un gran representante, las compañías establecidas que venden artículos para el hogar, cosméticos y otros productos similares reclutan vendedores todo el tiempo. En estos casos, los vendedores son contratistas independientes que fijan sus propios horarios, trabajan en sus propios territorios, etc. Esta puede ser una gran manera de disfrutar de "poseer" un negocio sin tener que reinventar la rueda.

Posibilidades de Franquicia: Esta es otra gran manera de ir si usted quiere ser dueño de su propio negocio y cosechar todas las recompensas. Las franquicias pueden darle a su negocio un reconocimiento instantáneo y el apoyo que necesita para empezar con buen pie.

Otras Posibilidades: Es posible convertir un pasatiempo en un negocio, crear un producto para producir y vender, lanzar un sitio Web y así sucesivamente. Estas opciones pueden depender de las habilidades que usted ya tiene o le permiten desarrollar otras nuevas para seguir un camino completamente diferente. No deje ninguna piedra sin voltear en este frente si quiere hacer algo completamente diferente.

Las posibilidades de trabajar en casa están limitadas sólo por la imaginación. Ya sea que desee permanecer en su campo existente o diversificarse en una nueva dirección por completo, hay maneras de hacer realidad sus sueños de trabajar en casa. Simplemente tómese el tiempo para explorar realmente sus opciones, hacer su tarea y ver qué camino funciona mejor para usted y su familia. Si necesita reentrenamiento o nuevas habilidades, relájese. Puedes empezar a entrenar un poco más fácil de lo que piensas.

Tu aprendizaje

Usted ha tomado una decisión, ha explorado sus opciones y ha descubierto que será necesario algún tipo de entrenamiento para que sus sueños se hagan realidad. No te preocupes demasiado. Hay muchas opciones disponibles para usted para asegurarse de que obtenga la capacitación que necesita. En muchos casos, usted puede continuar trabajando en su trabajo diurno y estudiar en línea o ir a la escuela por la noche. En algunos casos, puede incluso ser posible lanzar su nueva carrera en casa mientras recibe capacitación adicional para reforzar su negocio.

Entonces, *¿cuáles son sus opciones para obtener la capacitación que necesita?* Hay tres opciones principales a considerar: universidad, escuelas técnicas o programas de certificación.

• *VOLVER A LA UNIVERSIDAD*

Si quieres hacer un cambio dramático en los campos, la universidad puede ser la mejor opción para ti. Gracias a los programas de grado en línea, sin embargo, esto no tiene que ser tan desalentador como parece. Es posible trabajar durante el día y asistir a clases por la noche.

Para facilitar el regreso a la escuela, considere estos consejos:

Obtenga tanta ayuda financiera como sea posible Hay toneladas de programas de becas y subsidios para mujeres. Explore cada opción y no deje ninguna piedra sin remover. Muchas de estas subvenciones y becas están ahora disponibles también para cursos de grado en línea. Preste también mucha atención a las becas para madres trabajadoras. Hay organizaciones que pagarán la cuenta entera para las mamás en busca de nuevas carreras.

Si ya tienes un título, es posible que sólo necesites unos pocos cursos para obtener la formación que necesitas. Téngalo en cuenta. Si necesitas un programa completo de estudios, concéntrate en el futuro para seguir adelante.

No muerda más de lo que pueda masticar Por supuesto que quiere estar en el negocio ahora mismo! Si esto no es posible, no te apresures demasiado. Trabajar, ir a la escuela y cuidar de una familia puede ser mucho trabajo. Trate de tomar sólo lo que es razonable y trabaje firmemente hacia la meta final.

Regresar a la universidad y obtener un nuevo título puede ser una gran manera de obtener reentrenamiento para una nueva carrera. Puede tomar un poco más de tiempo que otras opciones, pero es una buena manera de empezar de nuevo.

- ## *COLEGIOS TÉCNICOS*

Las escuelas técnicas pueden

proporcionar la formación necesaria para una variedad de carreras. Desde el diseño y la venta de sitios web hasta la reparación de computadoras y más allá, esta opción puede resultar excelente por varias razones. Entre ellas se incluyen

Los Costos: Las escuelas técnicas, especialmente si son estatales o del condado, tienden a ser mucho más asequibles que la universidad.

La programación: Las escuelas técnicas tienden a tener horarios muy flexibles. En muchos casos, los cursos de estudio pueden ser bastante cortos, pero aún así proporcionan las habilidades necesarias para iniciar una nueva carrera.

El Aprendizaje Dirigido: Los programas técnicos no involucran muchos cursos "extras" que los títulos universitarios estándar tienden a requerir. Esto puede permitirle ir directo al grano en lugar de tener que girar las ruedas en Basket Weaving 101.

• PROGRAMAS DE CERTIFICACIÓN

Los programas de certificación a corto plazo pueden ser la solución perfecta para ciertos campos profesionales. La transcripción médica, la facturación e incluso el diseño web, por ejemplo, pueden aprenderse a menudo durante los programas de certificación de "cursos intensivos". Esta es una excelente manera de hacerlo por una serie de razones, entre ellas:

El Tiempo Involucrado: Los programas de certificación suelen tener una duración muy corta, pero proporcionan la formación necesaria para tener éxito en ciertos campos profesionales. Cuando las certificaciones se combinan con un título existente, un currículum general puede resultar muy atractivo.

Los Costos Involucrados: Aunque los precios de los programas de certificación variarán, por supuesto, generalmente son mucho más asequibles que los programas de titulación completa.

El Aprendizaje Dirigido: Al igual que las escuelas técnicas, los programas de certificación también proporcionan un curso de aprendizaje muy específico. Esto es excelente para aquellos que no quieren pasar mucho tiempo en cursos que no tienen nada que ver con el objetivo final de su carrera.

Si su negocio de elección exigirá algún tipo de reentrenamiento para disfrutar de un éxito, no se asuste. Hay opciones disponibles para usted que pueden acelerar el esfuerzo de aprendizaje. Incluso es posible mantener los costos bajos en muchos casos gracias a las subvenciones y becas. No deje que el entrenamiento se interponga en el camino de sus sueños.

Los trabajos adecuados

Usted ha seleccionado su campo, diseñado sus planes y está listo para comenzar. La pregunta ahora es cómo empezar a ganar dinero. A menos que estés trabajando a distancia para un empleador existente, vas a necesitar un plan de juego para conseguir algún negocio. Al principio, conseguir los trabajos adecuados probablemente ocupará gran parte de su trabajo. Sin embargo, hay métodos que pueden ayudarle. Lo que funcionará mejor dependerá de su persecución exacta.

- ## *LA PUBLICIDAD PAGA*

No importa si tiene la intención de vender un producto o un servicio, la publicidad será vital para su empresa. Su campo real puede, sin embargo, impactar los mejores lugares para poner sus dólares de publicidad. Para empezar a conseguir clientes, considere estos potenciales vehículos publicitarios:

Fuentes Locales: Los periódicos comunitarios, las estaciones de televisión y las estaciones de radio pueden ser un buen punto de partida si no desea expandir su negocio más allá de su región. Dependiendo del tipo de carrera que tenga la intención de seguir en su país, estos vehículos pueden proporcionar un impulso increíble para un negocio.

Publicaciones comerciales: Si su intención es consultar, las publicaciones comerciales pueden proporcionar la clave para abrir la puerta al éxito. La publicidad en estas publicaciones pondrá el nombre de su empresa en el centro de atención con personas de los campos que podrían necesitar su ayuda.

Los sitios web marcan la diferencia: No importa en qué campo entre, puede ser muy útil para anunciar su empresa en línea. Si está vendiendo, puede vender directamente en línea. Si usted proporciona un servicio, puede conseguir negocios utilizando un sitio Web para promocionarlo. Las compañías que tienen sitios Web solían ser una rareza. Hoy en día, esto se considera un sello de una empresa profesional. Incluso los consultores tienen sus propios sitios y a veces blogs para explicar lo que hacen, cómo lo hacen y por qué deben hacer el trabajo.

Publicidad creativa: Si usted planea vender un producto o proporcionar un servicio que la población en general puede utilizar, como la contabilidad, la contabilidad, etc., la publicidad creativa puede ayudarle a empezar. Las vallas publicitarias, los anuncios en los bancos, los folletos y otras opciones similares pueden ayudarle a conseguir que su negocio llegue a su destino.

- ## *LOS SERVICIOS DE EMPLEO PUEDEN AYUDAR*

Ir a la consultoría o incluso ofrecer habilidades como freelance puede ser una buena manera de hacerlo. Para conseguir puestos de trabajo en este campo, a veces puede ser útil trabajar directamente con las agencias de empleo. Dado que los empleadores son generalmente los que pagan por estos servicios, usted no tiene nada que perder por seguir esta ruta y todo por ganar.

Algunos de los beneficios de trabajar con los servicios de empleo incluyen:

Tener acceso a sus contactos: Las agencias de empleo que están establecidas tienden a tener una larga lista de clientes. Esto significa que potencialmente pueden hacer que usted entre por la puerta con contratos que usted ni siquiera ha soñado con conseguir.

El Factor Defensor: Los servicios de empleo no ganan dinero a menos que encuentren a los profesionales adecuados para un trabajo. Con este fin, trabajan arduamente para emparejar a los trabajadores independientes, consultores y contratistas privados directamente con las empresas que pueden utilizar sus servicios. Nunca está de más tener a las intercesoras de su lado cuando está tratando de comenzar una aventura en casa!

El factor de especialidad: Hay agencias de empleo que se especializan en tratar con contratistas y consultores. Incluso hay quienes trabajan exclusivamente en un campo en particular. Conectarse con la agencia adecuada puede realmente abrir puertas y servir como un increíble trampolín para su negocio en casa.

• *LOS SITIOS WEB PUEDEN SER UNA EXCELENTE OPCIÓN*

Si su plan es trabajar más o menos en la arena en línea, estar en línea no sólo con su propio sitio, sino también a través de sitios Web de empleo puede realmente valer la pena. Un gran número de sitios

Web relacionados con el empleo han surgido para conectar a los trabajadores independientes y a los propietarios de pequeñas empresas con posibles empleadores por contrato. Las ventajas de utilizar servicios de este tipo incluyen:

Bajos Costos: Los mejores servicios de búsqueda de empleo en línea cobran una cuota de membresía, pero en general, los precios tienden a ser bajos. Por unos pocos dólares al trimestre, usted puede encontrarse con más trabajos de los que puede manejar.

Los procesos de licitación: Sólo por esta razón, pasar por los servicios de empleo en línea puede ser muy útil. Si tiene la intención de trabajar como contratista o consultor, pasar por los procesos de licitación en línea puede ayudarle a ver dónde podría necesitar hacer mejoras. Si, por ejemplo, no estás siendo lo suficientemente agresivo, lo aprenderás rápidamente. Además, algunos entornos de licitación están abiertos. Esto significa que usted podrá ver lo que su competencia está cobrando. Esto puede ayudarle a seguir siendo competitivo y a conseguir puestos de trabajo en el futuro.

La exposición: Los sitios de empleo en línea tienden a atraer a una gran variedad de empleadores potenciales. En muchos casos, los empleadores pueden venir de todas partes del mundo. La exposición que usted y su negocio pueden ganar al usar estos sitios es increíble.

El entrenamiento: Además de aprender a manejar la competencia, todo el proceso de ir en línea para obtener negocios puede servir como un gran entrenamiento para otras empresas. Una vez que domine la preparación de paquetes de ofertas, por ejemplo, podría estar mejor preparado para pasar por un proceso de licitación del gobierno.

- ## *LAS FRANQUICIAS*

Los franquiciados tienden a tener una ventaja a la hora de empezar. Si usted ha optado por esta ruta, se beneficiará de algunas cosas de inmediato cuando se trata de negocios de aterrizaje para comenzar. Estas cosas incluyen:

Entrenamiento: La mayoría de las grandes franquicias e incluso algunas de las más pequeñas ofrecen formación no sólo en el modelo de negocio, sino también en publicidad y marketing.

Reconocimiento instantáneo: Las franquicias tienen la ventaja de tener un nombre reconocido. Esto en sí mismo puede traer negocios de inmediato. Si elige una franquicia que sea menos conocida, asegúrese de que tenga un buen modelo de negocio y un producto o servicio de calidad. Está bien entrar en la planta baja ya que se está construyendo el reconocimiento. Sólo asegúrate de que la empresa sea realmente una que puedas respaldar. Si no estás convencido de una empresa, lo más probable es que nadie más lo esté.

Publicidad en grupo: Muchas franquicias llevan a cabo campañas nacionales de publicidad. Ellos hacen esto usando algunas de las cuotas de franquicia que llegan. En algunos casos, los franquiciados en un área local también pueden elegir hacer "compras de grupo" para aprovechar más publicidad. Cada franquiciado en una región, por ejemplo, pateará en X cantidad de dólares para una gran campaña. Esto aumenta la exposición sin que le cueste demasiado dinero al dueño de un negocio.

- ### *RED DE TRABAJO*

No importa en qué campo haya decidido trabajar, si tiene la intención de ser dueño de su propio trabajo en casa, el trabajo en red será importante. En definitiva, se trata de otra forma de publicidad. Esto, sin embargo, no tiene por qué costar demasiado y se puede amortizar con una tonelada de recompensas.

Hay una serie de opciones en el frente

de las redes. La mejor opción o opciones para usted dependerá del tipo de negocio en el que planee meterse. Algunas de sus opciones para establecer contactos incluyen:

Cámaras de Comercio: No importa en qué campo tenga intención de entrar, esta puede ser una excelente opción para llegar a su mercado local. Cuando te unes a una cámara, no sólo darás a conocer tu negocio, sino que también podrás beneficiarte de la oportunidad de alejarte de la "oficina en casa". Además, muchas cámaras ofrecen valiosas sesiones de capacitación empresarial a un costo muy bajo para los miembros.

Redes en línea: Hay grupos en línea que ayudan a los dueños de negocios que operan en la web a conocerse entre sí. Esta es una gran manera de llegar a otros empresarios. Si su intención es trabajar como contratista o consultor, estos grupos también pueden dar resultados con algunos negocios serios.

Grupos de trabajo en red: Al igual que las cámaras de comercio locales, estos grupos pueden ser muy beneficiosos para dar a conocer su nombre en su comunidad. Los grupos de trabajo en red también proporcionan una función social y educativa bastante beneficiosa. Nunca está de más tener a otras personas en su situación con las que hablar y de las que aprender.

Patrocinios: Esta es una manera diferente de hacer llegar el nombre de su empresa a la comunidad local, pero puede valer la pena. Patrocinar un evento local, un equipo deportivo, una clase. Dé a conocer su nombre a personas que lo reconocerán por su lealtad a la comunidad y le pagarán con su apoyo.

Conseguir los puestos de trabajo adecuados puede requerir un esfuerzo concertado. Necesitará saber dónde buscar, cómo hacer correr la voz sobre sí mismo y cómo establecer una red adecuada. No te preocupes si nunca has hecho esto antes. Te llegará con el tiempo. La publicidad es la parte fácil, pero costará dinero. El trabajo en red puede ser un poco difícil para los tímidos, pero esto puede ser tan importante como cualquier tipo de anuncio de pago que pueda encontrar.

¿Como establecer una oficina en casa?

Has tomado una decisión y planeas trabajar en casa. ¡Bien por ti! Incluso si usted tiene su campo elegido, el dinero en el lugar y un plan de negocios todo listo para ir, todavía hay más trabajo por hacer. Quizás uno de los pasos más grandes e importantes aún no ha sido abordado. Para trabajar en casa y tener éxito, usted necesita un lugar al que llamar suyo.

Sí, por supuesto, quieres estar con tu familia y en medio de todo esto. Aún así, si usted no tiene una oficina para llamar a la suya cuando la necesita, podría estar muy arrepentido. El hecho es que hacer llamadas telefónicas a clientes con un niño pequeño gritando en el fondo puede ser vergonzoso. Escribir informes sobre la fecha límite mientras su familia ve la televisión puede ser una distracción. Para superar y conquistar estos problemas, vas a necesitar una oficina en casa. Además, tener uno le dará una deducción de impuestos incorporada!

Para que una oficina en casa realmente funcione para usted, vale la pena explorar lo que realmente necesita. También es una buena idea recordar por qué es importante tener un espacio propio.

➢ *LO QUE NECESITA*

Una oficina en casa no necesita ser elaborada para ser efectiva. La cantidad o la cantidad de espacio requerido dependerá de sus propios gustos personales y del espacio que tenga disponible. En general, mientras haya conexiones de servicios públicos - teléfono, cable, etc. - y una puerta, usted debe estar listo. Incluso se pueden resolver los problemas de utilidad con las redes inalámbricas y los cables de extensión.

Más allá del espacio, es probable que necesite estas cosas para establecer una oficina en casa correctamente:

Un escritorio: Elaborar no es importante aquí. Usted puede ir tan básico como usar una pieza de madera colocada encima de dos archivadores. Siempre y cuando tengas un espacio de trabajo para tus papeles y archivos importantes y estés bien en este frente.

Computadora y otros equipos: Casi cualquier campo en el que usted entre exigirá una computadora en estos días. Si usted tiene la intención de teletrabajar para su empleador actual, esto probablemente sea una necesidad. Incluso si usted quiere comenzar una nueva carrera, tener una computadora en la que trabajar puede ser muy sabio. Invierta en una buena máquina y asegúrese de tener una copia de seguridad también. Nada puede dejar de lado un negocio más rápido que los problemas informáticos! También podría ser una buena idea considerar los servicios de copia de seguridad de discos duros en línea para asegurarse de que sus bases están cubiertas en caso de un accidente. Más allá de la configuración básica de una computadora, usted necesitará considerar cosas tales como un teléfono, una copiadora y un fax. Si su campo requiere equipo especial, también tendrá que planearlo.

Una puerta: Una vez más, no tienes que trabajar en la oficina central todo el tiempo. Si quieres estar en la cocina con un portátil mientras preparas la cena, ¡tú eres el jefe! Sin embargo, tener una puerta que cerrar cuando sea necesario puede ser imperativo para la concentración. También puede ayudar a recordarle que está "en el reloj". Además, tener una puerta también puede recordar a los miembros de la familia que usted está "en el reloj". Recuerde, su familia podría tener un período de adaptación bastante largo para que usted trabaje en casa. El espacio privado puede servir como un gran recordatorio de que el hecho de que mamá esté en casa no significa que pueda manejar todos y cada uno de los problemas que surjan.

➤ *¿POR QUÉ NECESITAS UNA OFICINA EN CASA?*

Incluso si su casa es pequeña y encontrar un espacio para esculpirla es un reto, hágalo realidad. Ya sea que vigile una esquina del garaje, use un armario o reclame una habitación extra, ¡sólo reclame un espacio!

Las razones por las que esto es tan importante incluyen:

✓ Privacidad;
✓ Profesionalismo;
✓ La deducción de impuestos, que puede ser muy importante;

✓ ¡Tu cordura!

Una oficina en casa puede ser un poco complicada de crear, pero puede valer la pena darte el espacio que necesitas para trabajar. No importa cuál sea su trabajo en casa, la privacidad será apreciada. Puede contar con ello!

> ## CONSEJOS PARA EL ÉXITO

Mientras que el camino hacia el éxito puede variar mucho dependiendo del negocio que planee seguir, hay algunos consejos generalizados que pueden ayudarle sin importar lo que suceda. Algunos de los mejores consejos para las madres de familia incluyen:

Tenga paciencia: Trabajar en casa puede ser muy gratificante. También puede ser terriblemente frustrante. Cuando su hijo de 8 años de edad le cuenta la misma historia por quinta vez mientras usted está en una fecha límite, su paciencia podría agotarse. Respira hondo, cuenta hasta 10 y explícale que te encantaría oírlo en un rato.

Cree en ti mismo: Ya que no eres un extraño en el mundo del trabajo gracias a tu carrera original, deberías tener una ventaja en este caso. Aún así, puede ser muy desalentador tener su propio negocio y no tener una "compañía" a la que recurrir. Cree en ti mismo, haz balance de tus habilidades y avanza a toda máquina. Si usted fue capaz de disfrutar de una carrera exitosa trabajando para otra persona, no hay razón por la que no pueda hacerlo todo por usted mismo!

Fijar horas de trabajo: Esto no puede ser lo suficientemente estresante. Usted tiene que establecer una rutina durante la mayoría de los días para poder trabajar en casa. Si prefieres pasar todo el día con tus hijos, hazlo. Sólo asegúrese de "fichar" cuando se vayan a la cama. Tienes que apegarte a ella para hacer una aventura en casa.

Promuévase a sí mismo: Tómese su tiempo para hacer correr la voz sobre su empresa. Si no lo haces tú, nadie más lo hará. Su éxito final radicará no sólo en sus habilidades, sino también en lo bien que lo hace para atraer clientes y contratos.

Sea persistente: Lanzar cualquier tipo de negocio requiere tiempo y dedicación. Si está trabajando en casa, seguirá enfrentándose a los mismos obstáculos a los que se enfrenta cualquier empresa. Tendrás que ser diligente y persistente para superarlos.

Mantén tus contactos abiertos: Estás dejando una carrera en una empresa para quedarte en casa con tu familia y poner en marcha tu propia empresa. Asegúrate de mantener abiertos los contactos que has establecido a lo largo de los años. Pueden ser valiosas fuentes de negocio para usted en el futuro. Esto no importará si te quedas en tu campo o si planeas seguir un camino ligeramente diferente. La realidad es que su reputación actual puede ayudarle mucho sin importar el campo en el que entre. Hágale saber a sus antiguos contactos lo que está haciendo y manténgase a usted y a su empresa en la vanguardia de sus mentes.

Sea realista: No espere construir una compañía de Fortune 500 desde su garaje en 10 días o menos. Aunque se trata de un objetivo fantástico, no es prudente esperar tanto éxito desde el primer momento. Usted podría desanimarse y perjudicar sus posibilidades de disfrutar de su objetivo. Sólo asegúrese de que sus expectativas sean realistas.

Aprenda a realizar varias tareas a la vez: Usted ha decidido quedarse en casa por una razón - su familia. Asegúrate de ahorrarles tiempo. A medida que trabaje en su negocio, esto podría significar la necesidad de realizar varias tareas a la vez. Aprende a preparar la cena mientras estás al teléfono. Haga llamadas mientras está sentado en la fila del carro en la escuela de su hijo. Prepare correos masivos mientras ve la televisión con la familia por la noche.

No te olvides de ti mismo: Puede ser muy tentador poner todo lo que tienes en tu familia y en tu negocio. Si bien esto puede parecer una gran idea, podría quemarte rápidamente. Asegúrate de ganar un poco de tiempo para ti mismo. Esto le ayudará a relajarse, relajarse y recargarse. Incluso 20 minutos al día leyendo una serie de libros favoritos, meditando o trotando pueden darte el tiempo que necesitas para ser tú mismo. Pasa por alto esto y tu familia, tu negocio y todos ustedes probablemente sufrirán.

Los beneficios...

A menos que usted haya decidido teletrabajar para su empleador actual, es muy probable que esta sea una pregunta que lo mantenga despierto por la noche. Incluso cuando usted tiene su tarea hecha y su negocio listo para empezar, el tema de los beneficios puede arder sin respuesta.

Entonces, ¿cómo puede llenar los vacíos que surgirán al dejar el empleo de tiempo completo para un puesto en casa de su creación?

Afortunadamente, tienes algunas opciones. La mayoría de las madres que trabajan en casa pueden cubrir sus bases en cuanto a seguro médico, jubilación e incluso ahorros. No deje que este obstáculo en particular le sirva de escollo.

➤ **CUBRIR LAS NECESIDADES MÉDICAS**

La cobertura médica, dental y de la vista se encuentran generalmente entre las mayores preocupaciones de las mujeres profesionales que planean mudarse a una empresa en el hogar. Hay opciones disponibles. Lo que funcione mejor para usted dependerá de la situación única de su familia. Algunas de las opciones que usted podría querer explorar incluyen:

Poniendo a la familia en el seguro de su "Pareja Significativa": Si su pareja tiene seguro a través de su lugar de trabajo, su arreglo es bastante fácil. Usted y los niños pueden ser añadidos a su póliza. La mayoría de las compañías permitirán cambios a mediados de año como este si un gran evento ha ocurrido en una familia. En el peor de los casos, tendrá que esperar hasta la inscripción abierta.

Opciones de política privada: Es posible comprar un seguro privado para cubrirte a ti y a tu familia. Sin embargo, tenga en cuenta que muchas pólizas de compra privada no cubren condiciones preexistentes. Algunas condiciones médicas, de hecho, harán imposible la compra de pólizas privadas para individuos.

Opciones de grupo: Esto es una solución para aquellos con condiciones preexistentes. Es posible poner un negocio basado en el hogar en un pool de grupo. El resultado final será una política muy parecida a la que ofrece un empleador regular. Esto significa que no se le puede negar la cobertura a alguien con una condición médica. La desventaja es el hecho de que los costes pueden ser bastante altos. Sin embargo, la opción puede ser una buena solución para aquellos que la necesitan.

Cubrir sus necesidades médicas podría no ser tan difícil o tan costoso como usted cree. Explore todas las opciones de cerca y elija la que mejor se adapte a su familia.

➢ *LA JUBILACIÓN...*

El seguro médico es la primera y más grande preocupación que tienen las mujeres profesionales cuando deciden hacer la transición al trabajo en casa. Sin embargo, no es la última. Asegurarse de que los beneficios de jubilación o los ahorros estén en su lugar puede ser igual de importante. Tenga en cuenta que usted será su propio jefe en la mayoría de los escenarios que hemos discutido. Esto significa que si usted no ahorra para la jubilación, es probable que nadie más lo haga en su nombre.

Entonces, *¿cómo puedes asegurarte de tener un nido de ahorros para tus Años Dorados?* Estas opciones están disponibles para usted:

Cuentas de jubilación individuales: Las cuentas individuales pueden ser muy beneficiosas para ahorrar para el futuro. No sólo tienden a ofrecer buenas ganancias de tasas de interés, sino que también pueden compensar sus ganancias cuando llega la hora de los impuestos. Sin embargo, debido a las limitaciones de la contribución, es posible que desee tener más que esta tarjeta en la manga.

401ks: Este vehículo de ahorros para la jubilación puede poner otro vehículo en su plan de ahorros para la jubilación. Tendrá que consultar con una compañía de inversiones para la jubilación sobre cómo comenzar una. Sin embargo, si usted incorpora su negocio, esta opción debe estar abierta para usted.

Acciones y Bonos: Estos pueden resultar ser un poco de alto riesgo, pero pueden ser recompensados con grandes recompensas. Pisa con cuidado aquí, sin embargo, y no pongas todos tus huevos en una sola canasta.

Otras opciones: Hay muchos otros vehículos de inversión que pueden ayudarle a reemplazar una cuenta de jubilación respaldada por la compañía.

Considere la posibilidad de invertir en oro, bienes raíces y otras inversiones tangibles similares. Si su negocio es uno que podría ser vendido eventualmente, esto también podría contar como una inversión de jubilación.

El hecho de que su antiguo empleador no financie una póliza de jubilación no significa que usted no pueda ahorrar para su futuro. Con un buen plan y un poco de disciplina, usted puede asegurarse de tener una reserva para hacer que sus Años Dorados sean más cómodos.

➢ *OTROS AHORROS*

La jubilación no será o no debería ser el único ahorro que usted considere al lanzar una nueva empresa en casa. Probablemente también querrá que se establezca un fondo para los días de lluvia. Esto puede ser usado para cubrir su negocio en períodos de tiempo lento. Es posible que también lo desee para obtener ahorros generales para vacaciones, mejoras en el hogar y emergencias.

Las opciones para hacer que su dinero trabaje mejor con respecto a los ahorros generales incluyen:

Cuentas de mercado de dinero: Este tipo de vehículo de ahorro no le hará ganar una pequeña fortuna, pero puede asegurar que su dinero ahorrado sí gane algo. La mayoría de las instituciones bancarias ofrecen estos servicios y ofrecen intereses para que usted pueda dejar que su dinero trabaje para usted.

Bonos de Corto Plazo U.S. Savings: Los bonos y otras empresas a corto plazo pueden ser una buena manera de ganar un poco más de sus ahorros.

Fácil de Liquidar Inversiones: Algunas inversiones como oro, monedas de colección o sellos también pueden funcionar bien para los ahorros de los días de lluvia. Estos también pueden ser una buena manera de ganar algo de dinero sin correr un gran riesgo en el proceso. No es prudente usarlos como la única forma de ahorro, pero pueden incluirse en un plan general.

Reemplazar los beneficios no es tan difícil como podría parecer. Hay vehículos disponibles para la mayoría de las madres de casa para hacer posible la cobertura de las bases.

Cómo gestionar con éxito el hogar y el trabajo

Si está acostumbrado a trabajar en una oficina y a tener una clara demarcación entre el trabajo y la vida familiar, hacer malabarismos puede ser un gran desafío. La realidad es que si usted está tomando la decisión consciente de ser una mamá que trabaja en casa - incluso si usted trabaja a distancia - estará desdibujando las líneas que crean los límites. Para equilibrarlo todo, necesitarás un plan.

Estos consejos pueden ayudarle:

Aprenda a Priorizar: Ya que usted será el que esté en casa, es probable que tenga mucho más en su plato. Usted se sentirá obligado no sólo a cuidar de su hijo y de su negocio, sino también de su hogar. No se puede hacer todo. Aprender a priorizar lo que se debe hacer y lo que puede esperar será esencial. De la misma manera, también aprenderemos a delegar algunos deberes a otros miembros de la familia cuando sea posible.

Aprende a dejar ir algunas cosas: Si tienes un hijo enfermo y un gran contrato en juego, tus prioridades están claras. Esas dos cosas exigirán su atención. Si su ropa se amontona y sus platos no se lavan, déjelos ir. Esperarán hasta mañana. ¡Tu hijo y tu cliente no lo harán!

Aprenda a pedir ayuda: Eres increíble, pero sólo eres humano. Necesitará ayuda algunas veces. No tengas miedo de pedirlo.

Tenga un plan de respaldo: Habrá algunos días en los que usted no podrá seguir el ritmo de su hijo y de su trabajo también. Asegúrese de tener un plan de respaldo en su lugar. Consiga a un pariente para que cuide al niño o incluso para que lo cuide en una guardería local. Está bien no ser siempre el encargado del cuidado de los niños. De hecho, a veces a los pequeños les va mejor con la socialización si se les permite estar en grupos de vez en cuando.

Aproveche al máximo el tiempo de inactividad: Aproveche cualquier tiempo de inactividad que tenga para abordar proyectos que deban realizarse. Mientras su bebé duerme, por ejemplo, haga sus llamadas. Mientras su hijo desayuna, empiece a preparar la cena en una olla de cocción lenta. Acuérdate de ganar algo de tiempo para ti también.

Pasar de ser una mujer que trabaja en una oficina a ser una mamá que trabaja en casa puede ser una gran transición. Sé amable contigo mismo y aprende a mantener las cosas en perspectiva. Puedes hacer malabares con bastantes pelotas a la vez. Sin embargo, no se puede hacer todo el tiempo solo.

Conclusión

Trabajar en casa no es para todos. Asegúrese de explorar realmente las opciones y considere sus motivaciones. Si usted sabe que vive y respira trabajando en una oficina con mucha gente a su alrededor, es posible que no sea feliz en casa. Aunque suena bien poder pasar tiempo con su hijo, si realmente quiere estar en una oficina con gente, puede hacer que todos se sientan miserables si lo hace de otra manera. Si su personalidad no encaja en el perfil del trabajo en casa, no se asuste. Usted puede tener una carrera fuera del hogar y aún así ser una madre excelente. Reconocer que usted necesita algo diferente puede ser bueno para su hijo.

Ahora, si usted ha decidido que la mudanza es realmente buena para usted, las posibilidades de que disfrute del éxito deben aumentar. Para realmente hacer un paso serio en cualquier carrera en casa, usted necesitará tener un plan en su lugar. Esto tendrá que incluir la financiación de la puesta en marcha, un plan de negocios e incluso algunas perspectivas para la publicidad, el marketing y una base de clientes. Haga su tarea y siga adelante con precaución. En poco tiempo, su negocio debería estar en marcha.

Recuerde que mientras trabaja en casa, su campo de juego ha cambiado dramáticamente. Tendrás que ser capaz de hacer malabares, ejercitar la paciencia y mantener un sentido del humor sobre ti mismo. El trabajo será importante, pero también lo será tu otro trabajo: ser mamá.

Establezca sus metas y trate de cumplirlas. Sin embargo, ejercite un poco de flexibilidad. Habrá días en los que no podrás entrar en la "oficina" hasta la medianoche y otros en los que todo fluye suavemente desde la rutina matutina hasta la hora de acostarse. La belleza de ser una mamá que trabaja en casa es que usted debe tener la capacidad de adaptarse a las necesidades del día. Este beneficio en particular puede valer la pena cada pedacito de esfuerzo que se necesita para lanzar una empresa en casa.

Convertirse en una mamá que trabaja en casa es algo muy importante para una mujer de carrera. Manténganse firme y tengan paciencia. Si haces esto, puedes hacer realidad tus sueños.

Sólo recuerde que todo no sucederá de la noche a la mañana y que tomará tiempo antes de que usted vea un cambio en su vida para mejor.

Ahora sí, te deseo lo mejor en tus resultados, y recuerda, todo es práctica; no te sirve de nada la teoría sin acción.

Ahora quiero decirte que tengo un regalo para ti... Quiero compartir contigo un curso que en verdad me ha ayudado mucho en mis comienzos, este curso es de "Daniel Alejandro" un gran amigo mio:

(puedes escanear este código)

Un fuerte abrazo, tu amiga, Jessy!

Por cierto, cuando logres conseguir tus resultados poco a poco, te recomiendo mucho, si deseas aprender mucho más acerca de métodos de ganar dinero, el libro de un gran autor del que aprendo mucho, sobre "ESTRATEGIAS SECRETAS PARA GANAR MUCHO DINERO EN EL

NEGOCIO DE MULTINIVEL", es un libro que estoy segura de que te ayudara mucho en tu camino de la "libertad financiera".

Sin más dilación, puedes encontrarlo en el buscador de Amazon, como: "Estrategias secretas para ganar mucho dinero en el negocio de multinivel" ó buscando su nombre, como: "Gaston Echevarria"... Una vez más te deseo éxito en tus resultados!